AF435008

COLECCIÓN
EL
OSO ANTEOJOS
DE

Gandhi
El Mahatma

ALEXANDRA TORROLEDO

Colección El Oso de Anteojos

GANDHI, EL MAHATMA

Segunda edición: 2016

© Alexandra Torroledo
 Investigación documental - Felipe Ossa

© Cooperativa Editorial Magisterio
 Diagonal 36bis no 20-70
 PBX: 0571-3383605
 Bogotá, D.C. Colombia
 www.magisterio.com.co

ISBN: 978-958-20-0501-6

lustración de portada: Calco sobre fotografía de autor anónimo
Gandhi durante la marcha de la sal
Ilustraciones internas: Matthe McNihols

INTRODUCCIÓN

*No hay violencia en el acto de amar a
quienes nos aman.
No hay violencia cuando amamos a
quienes nos odian.
Sé cuán difícil es poner en práctica esta
gran ley del amor.
Pero... ¿acaso no es difícil todo lo grande y lo bueno?
Amar a quienes nos odian es la empresa
más difícil.
Pero por la gracia de Dios, incluso esta
difícil tarea se hace fácil
si realmente deseamos hacerla.*

Mahatma

Gandhi, un hombre menudo y de apariencia indefensa. Un líder que transformó la sociedad del siglo XX y se convirtió en una leyenda gracias a su lucha persistente contra cualquier tipo de segregación social o racial, y con la cual transformó el concepto de vida de su país natal: India. Multitudes de hombres y mujeres siguieron su doctrina más allá de su muerte, la cual está vigente hoy. En esta batalla no hubo más arma que su inteligencia y convicción para llevar a cabo su propósito: liberar a la humanidad de toda discriminación.

Mohandas Karamchand Gandhi fue abaleado frente a la multitud que lo esperaba. Murió como todos los líderes políticos, predicando su palabra. Tres balas atravesaron su cuerpo; la primera, el abdomen, y la segunda y la tercera el pecho. De sus labios brotaron las palabras ¡Hai Rama! ¡Hai Rama!, ¡Oh Dios! ¡Oh Dios!...

Este predicador, que había esbozado su lema de no violencia durante setenta y nueve años, fue víctima de quien un día hubiera sido su seguidor, Nathuram Vinayak; un editor de un periódico nacionalista Hindú que se publicaba en Poona y quien había crecido en el seno de una familia de brahmanes humildes, pero apegados a las tradiciones más arcaicas, se convirtió en su adolescencia en un partidario de la defensa pacífica que pretendía Gandhi. Luego de haber pasado un tiempo en prisión, debido a su anexión a la causa nacionalista, se unió a un grupo de terroristas, quienes, previamente al asesinato, intentaron matar al más grande pacifista de nuestros tiempos con una bomba. La benevolencia y apoyo que Gandhi prestó a los diversos grupos religiosos, y su acto final de honestidad al devolver 550 millones de rupias a los musulmanes, fue el punto decisivo para que sus adversarios tomaran la decisión de matarle.

Cuando el cuerpo menudo de este gran líder espiritual caía abatido por las balas al lado del altar de la oración, no hubo un médico cerca que le auxiliara; la sangre del Mahatama, "el gran alma", como lo hubiera llamado el poeta Rabindranath Tagore (premio Nobel de Literatura), cubrió los jardines de la casa en la cual se hospedaba, Birla House. Gandhi había abandonado su granja en Ashram, debido a que sus seguidores eran tal magnitud, que no había más espacio allí para él. La gente gritaba y lloraba desolada, pero Gandhi había fallecido como deseaba morir: frente a su enemigo, sonriendo y pronunciando el nombre de Dios. Muchas fueron las victorias que obtuvo en el curso de su vida; la más grande de ellas había ocurrido tan sólo un año antes de su muerte. India se convertía en un estado independiente del imperio británico en 1947, tras tres centurias de dominación y despotismo. Pero a la vez, India, este vasto y sufrido territorio, se dividía entre musulmanes e hindúes, sin que nadie pudiera evitar tal fragmentación. De allí que surgieran dos nuevos países, Paquistán y la actual República Independiente de la India.

El escenario de decenas de millares de hindúes y de todas las nacionalidades rindiendo culto ante el funeral del Mahatma se convertía en uno de los mayores acontecimientos contemporáneos. Recién acababa de culminar la Segunda Guerra Mundial y el genocidio de la población judía a mano de los nazis y la secuela de las dos bombas atómicas arrojadas sobre Hiroshima y Nagasaki, indicaban que el mundo entero necesitaba de la paz. Pero este acto de violencia contradecía este postulado; aun fanáticos y hombres cegados por su egoísmo y sed de venganza no podían ver que el último símbolo de paz y el mito histórico que le encarnaba había sido desgarrado en su propio pecho. Aquel corazón grande se mantuvo desnudo en el velorio por órdenes de sus familiares, para mostrarle a la humanidad que nadie tuvo un corazón tan libre y tan desprendido como aquel hombre tímido que con sus propios actos le demostró al mundo una forma de vida pura y leal a su causa. Su vida fue su obra.

—¡Mahatma Gandhi: ji Kai! ¡Larga vida al Mahatma! —gritaba el pueblo, una nación entera que el 20 de enero del año de 1948 despedía a su padre, el salvador. Así como lo indica el libro del *Bhagavad Gita*, que con sus enseñanzas e historias guió a Gandhi, las luchas del corazón humano se deben a la búsqueda de un salvador, el cual se materializó en un hombre que sufrió drásticas transformaciones intelectuales y espirituales en el curso de su vida. Desde los trece años, cuando contrajera matrimonio con la joven Kasturbai, sus viajes a

Londres, su título como abogado, la lucha permanente que llevó a cabo en Sudáfrica por los hindúes, su conversión total como curandero y la vuelta a India después de muchos años, la intensa y permanente purificación del alma y el cuerpo, sus famosos ayunos y protestas por todo el territorio de la India, sus períodos en prisión, el rescate de una cultura milenaria y muchos otros aspectos, han de sumarse al mito legendario que este hombre encarna. Basta resaltar que otros líderes han seguido sus huellas; entre ellos podemos mencionar a Martin Luther King Jr., quien también muriera asesinado por un fanático, en su lucha contra el racismo hacia los negros.

El hijo menor de Gandhi, Randas, prendió fuego al cuerpo de su padre, con el propósito de que las llamas sagradas abrieran las puertas de la libertad; un fuego de catorce horas, casi perenne. Luego, las cenizas fueron esparcidas en varios ríos y en el mar.

LOS PRIMEROS AÑOS

La familia de Gandhi pertenecía a la casta de los vaisyas, es decir de los comerciantes, industriales y terratenientes; su padre y su abuelo se habían desempeñado como primeros ministros de los soberanos Estados de Kathiäwär, lo cual permitió que los hijos tuvieran acceso a la universidad.

Nació el 2 de octubre de 1869 en la aldea de Porbandar, pero a los nueve años la familia se trasladó a Rajkot, donde formaron parte de la corte. Creció como un niño de la burguesía de aquel entonces. Aunque su padre, Kaba, carecía de educación, el conocimiento que había adquirido se debía solamente a la experiencia que otorga la vida. Su madre, Putlibai, mantuvo siempre un carácter religioso y muy probablemente Gandhi siguió la sabiduría del ayuno a raíz de que ella lo practicaba a menudo. Era una mujer con carácter fuerte, que siempre mantuvo la convicción férrea del trabajo a pesar de pertenecer a una casta privilegiada.

Siguiendo la tradición religiosa Gandhi se casó a los trece años, tiempo en el cual comprendió el sentido del amor, la fidelidad y la lealtad de pareja, aunque en principio era desconfiado y celoso. Durante varios años el matrimonio vivió largos períodos de separación, ya que no poseían ingresos familiares propios. Y sólo se les permitían algunos encuentros cortos con carácter procreativo. El primer hijo llegó al poco tiempo de casados, pero falleció al cabo de un par de semanas. A pesar de esta dolorosa situación para la joven pareja, con los años vendrían cuatro hijos más, los cuales acompañarían a Gandhi hasta el día de su muerte.

Parte de las costumbres de los hindúes era mantener a las mujeres en la total ignorancia; no se les permitía acceder a la educación, situación que el propio Gandhi siempre lamentó no haber superado con su esposa. El joven Gandhi había iniciado sus estudios universitarios en Kathiäwär, un año antes de contraer matrimonio, pero al poco tiempo los reanudó; a la vez, obtuvo becas monetarias y otros méritos. Se libró de la práctica del fútbol y el cricket para dedicar tiempo a sus acostumbradas caminatas y meditaciones.

Aprendió el inglés y el sánscrito a la perfección. La segunda le costó mucho trabajo y esfuerzo, así como evadir algunos amigos que trataban de inducirlo a comer carne. Situación que en aquel entonces le atormentaba. Con los años, la rigurosa dieta lo convertiría en un vegetariano ascético, a tal extremo que sus comidas se reducían a simples vegetales cocinados acompañados por un vaso de agua con sal. Siendo tan joven, e inducido por la tradición, tuvo que luchar consigo mismo para liberar a su esposa del concepto de la esclavitud y aceptarla como compañera y colaboradora; es decir, una persona con igualdad de derechos, libre para elegir su propia conducta y actitud ante la vida. Este paso lo dio luego de haber propiciado varios ultrajes físicos a Kasturbai. Pero la sapiencia que vislumbró en el *brahmacharya*, la conducta que lleva a Dios, le permitió modificar completamente dicha actitud agresiva.

Desde niño aprendió de memoria el *Ramayana*, libro religioso narrado en forma épica; valiéndose de la sabiduría de este precioso texto, su espiritualidad creció ampliamente. El *Ramayana* fue citado textualmente por el Mahatama en sus discursos; así mismo, fueron de valioso aporte el *Bhagavad*, más conocido en el mundo occidental como *Gita* y el libro del *Manusmriti*. Como lo señala Gandhi en su autobiografía, a los diecisiete años quedó en su mente grabada una idea que terminaría por convertirse en un lema de su vida: *la convicción de que la moralidad es la base de toda existencia y de que la verdad es la sustancialidad misma de toda moral.*

Aunque la religión era una materia que no se enseñaba en las aulas y era un deber de la familia, Gandhi conformó, desde cierto punto de vista, un concepto propio de religión mediante el diálogo abierto y espontáneo con musulmanes, jainitas, parsis y creyentes de diversos cultos. Lo único que no soportaba era la visión dentro del cristianismo que permite ingerir carne y consumir bebidas alcohólicas; pero, de hecho, adoptó el *Sermón de la montaña* de Jesús como uno de los grandes discursos pronunciados por hombre alguno sobre la faz de la tierra.

EL GRAN IMPACTO DE INGLATERRA

Aconsejado por el sacerdote brahmán Majvi Dave, viajó a Inglaterra para obtener el título de abogado en tres años, ya que en la India tardaría casi el doble del tiempo. Además, esta carrera le permitiría vivir como un hombre rico cuando volviera al país, pero a la vez contravenía las leyes que regían a cada casta y, en este caso particular, la ley del Dharma, en la cual se prohibía abiertamente viajar por mar.

Al tomar la decisión de partir a Inglaterra Gandhi fue excomulgado y aquellos que eran sus hermanos de todas las castas no podrían nunca auxiliarle con un vaso de agua. Afrontando tal extrema determinación de la ley, llegó a Londres en 1888.

Ahora nos cuesta trabajo reconocer al Gandhi de aquella época, quien viste suntuosos y elegantes trajes, fascinado por la cultura británica e imbuido del influjo imperial de la reina Victoria, cuando en los años de más ardua contienda en la India apenas llevaba la mínima ropa que le cubría los genitales. Prendas que fabricaba él mismo con su rueca y con las cuales rescató la economía textil de la India, devolviéndole el carácter prioritario a la pobreza y a la humildad a la hora de usar alguna prenda.

En Londres también recibió lecciones de baile y violín; veneraba en la mayoría de sus aspectos esta nueva cultura bretona que lo deslumbraba. El Mahatma corrió con la suerte de encontrar grandes y leales amigos, que le ayudarían en diversas circunstancias; tal es el caso del doctor Dalpatram Shukla, quien lo llevó a su casa, lo curó de la tiña que había contraído en el barco y le dio el trato propio de un hijo, además de instruirlo en el manejo y desempeño de la sociedad inglesa; finalmente lo ubicó en una residencia para estudiantes en West Kengsington.

Mientras Gandhi se esforzaba por entender y asimilar este choque cultural que implicaba vivir en un imperio desarrollado económicamente y con diferentes valores sociales y morales, sus compañeros se burlaban de él debido a su aferramiento al puritanismo de la castidad y a sus costumbres vegetarianas. Y, contrario a todo pensamiento, las burlas le incitaron a perfeccionar más sus hábitos alimentarios, llegó a desechar los huevos y el pescado de su alimentación diaria y agregó el uso de los aceites de origen vegetal.

Pero éstas eran discrepancias menores. El joven estudiante de derecho tenía que vencer un obstáculo de mayor peso: la timidez que opacaba la lucidez y brillantez de su densenvolvimiento jurídico. En repetidas ocasiones el orador de masas, en el cual se convertiría gracias a su deseo de liberar de la opresión a las clases más oprimidas, no pudo ser escuchado por juristas y ponentes; era de tal dimensión su situación, que una reunión con un grupo de cuatro personas le intimidaba; entonces prefería mantenerse en silencio.

Sacó ventaja de su situación y aprendió que el silencio forma parte de toda disciplina espiritual de un defensor de carrera. *La tendencia a exagerar, suprimir o modificar la verdad, sea voluntaria o involuntariamente, es una debilidad natural en el hombre. Por eso resulta necesario el silencio, para superar ese defecto.*

Reafirmó muchas de sus ideas y aprendió nuevas cuando conoció casualmente al escritor indio Narayan Hemchandra; admiró en él su forma de vestir, ya que lo hacía con la humildad de un parsi, con pantalones baratos, una casaca arrugada, gorro blanco con borlas y unas sandalias de tiras, y en su intento por ayudar al escritor a mejorar su pobre inglés se encontró con la dificultad del desconocimiento de la lengua gujaratí y otras lenguas propias de la India. Gracias a ello empezó a reflexionar acerca de la ignorancia que mantenía frente a su cultura natal.

Para Hemchandra, el concepto del dinero se reducía a suplir sus necesidades mínimas de alimentación, vestuario y vivienda que contrastaba con un ansia de conocimiento; un concepto elemental de los principios de subsistencia, que lentamente iría aprendiendo y adoptando Gandhi para su vida. Cabe anotar que al principio criticó al escritor por su apariencia, pero luego, al escuchar a Hemchandra, recibió otra gran lección, que nunca olvidaría. Las palabras contundentes del escritor dejaron eco en la mente de Gandhi. —*Todos vosotros, los hombres civilizados, sois unos cobardes. Los grandes hombres en ningún momento se fijan en el exterior de una persona. Sólo observan su corazón.* Gandhi experimentó en carne propia tal lección cuando, humildemente vestido, visitó a políticos y gobernantes y aunque fue algo despreciado por su apariencia física, la imponencia de su inteligencia y la fuerza de sus palabras anularon toda la frivolidad de los protocolos con los cuales se acostumbra a llevar a cabo el encuentro de dignatarios y líderes.

Entre los primeros intentos por actuar solidariamente con toda causa justa, el Mahatma buscó una cita con el cardenal Manning —quien acababa de llevar a buen término la huelga de los obreros portuarios— para llevar las palabras de su amigo escritor, quien, debido a sus limitantes con el idioma del inglés, no podía entrevistarse directamente con el cardenal. En esta ocasión Gandhi actuó como interlocutor. El importante religioso inglés no rechazó la visita del humilde abogado indio y le atendió con gran respeto; a su vez, Gandhi tradujo del gujaratí las siguientes palabras escritas por Hemchandra:

"No pretendo robarle su tiempo. He oído hablar mucho de usted, y sentí la necesidad de venir a darle las gracias por la buena obra realizada por usted a favor de los huelguistas. Es mi costumbre visitar a los sabios del mundo, y sólo por esta causa me he atrevido a molestarlo". Toda una estrategia de sincera diplomacia. El escritor partió a Francia, como anhelaba, y luego visitó Estados Unidos, donde fue apresado por supuesto escándalo público, cargo del cual fue liberado prontamente.

Entre tanto Gandhi prosiguió con sus estudios, aprendió latín y se interesó de manera particular por los textos de Justiniano y la literatura jurídica, labor por la cual obtuvo su título como abogado el 10 de julio de 1891. Era ya un maestro de la teoría pero adolecía de la práctica jurídica, así que se decidió a asistir a varios juicios, entrevistarse con juristas ingleses e indios, pero su conocimiento se perfeccionaba en las leyes foráneas y éstas le alejaban del conocimiento de las leyes de su país, cuestión que le inquietaba y atemorizaba, ya que su regreso a casa se acercaba y le costaría trabajo actuar jurídicamente en la India.

A pesar de ello decidió partir de Londres rumbo a Bombay.

REGRESO A LA INDIA

Cuando volvió a la India se encontró con la noticia que su madre había fallecido y no se le había notificado dicho acontecimiento para evitar que abandonara sus estudios en Inglaterra. La muerte de su madre lo afectó profundamente. Afanosamente buscó el apoyo de su esposa, con quien continuó teniendo altercados.

El temor de Gandhi estaba fundado. Tuvo que dedicar tiempo al estudio de las leyes de su país y asistir a los juicios en calidad de observador, hasta que logró su cometido. En su primera actuación como abogado la timidez le venció, a tal punto que en su presentación ante el tribunal, y aunque iba ganando el caso, las palabras no salieron de su garganta. La parte demandada tuvo que contratar a otro jurista, y ante tal vergüenza pública, Ghandi tuvo que abandonar Bombay. A la vez, afrontó el rechazo de ciertos sectores que, aún después de tres años, le repudiaban por haber sido excomulgado.

Por un tiempo vivió de la generosidad de su hermano. Trató de dictar clases de inglés pero no pudo lograrlo. Entonces regresó a Rajkot, donde se convirtió en un simple burócrata, llenando solicitudes y demandas judiciales para el bufete de su hermano.

Su situación pronto se complicaría, ya que, cumpliendo con las responsabilidades de su trabajo e intentando defender a su hermano, quien era acusado de asesorar erróneamente a un príncipe, se vio enfrentado al despotismo de un funcionario que previamente había conocido en Londres, y con el cual mantuvo una relación cordial, pero que en estos momentos apremiantes le maltrataba. Entonces Gandhi, preso de la angustia e impotencia al no poder ayudar a su familia, se resistió a abandonar el despacho del funcionario, finalmente le echaron de allí en una forma brutal. Interpuso varios recursos jurídicos, pero lo único que podía solucionar la situación de su hermano era el pago de una multa, dinero con el cual no contaba en aquel entonces. Además, la carrera de Gandhi como abogado se oscurecía ante su proceder desenfrenado y frenético. Fue entonces cuando se solicitó desde Sudáfrica la intervención de un jurista con manejo del inglés, al mismo tiempo que un especialista en Derecho comercial. Tal empleo le comprometería por un año. Entonces, la empresa interesada, Dada Abdulla y Cía., corrió con todos los gastos del viaje y le garantizó el pago de 105 libras esterlinas, dinero que representaba una fortuna en aquella época. Cerró el trato con la idea de dar el dinero a su hermano para la manutención de su familia y partió desconcertado y triste ante el desprendimiento de su hijo recién nacido.

SUDÁFRICA CONVIERTE A GANDHI EN UN REVOLUCIONARIO

ENFRENTADO A LA DISCRIMINACIÓN

Al desembarcar en Durban, Sudáfrica, el director de la compañía, Shet Abdulla, le esperaba, pero este primer encuentro estuvo supeditado al desagrado que sintió Abdulla por la apariencia física de Gandhi, a tal extremo que no fue enviado directamente a Pretoria. Y éste se mantuvo de nuevo, como ya había ocurrido en otras ocasiones, en la posición de observador; gracias a este hecho descubrió que, al igual que en Bombay, en Sudáfrica los indios estaban discriminados por castas.

En los tribunales le obligaban a quitarse el turbante, ya que predominaba el turbante propio de los musulmanes. Por eso se decidió escribir a los periódicos quejándose de esta situación. Con esto dio pie a una gran polémica, convirtiéndose en un hombre bastante popular.

Con el tiempo logró mejorar las relaciones con su jefe, quien decidió enviarle a Pretoria para asumir el caso por el cual había sido contratado. El viaje estuvo viciado de inconvenientes. Gandhi viajó en primera clase, aunque la compañía le había pagado un compartimiento individual con cama, pretendiendo ahorrar cierto dinero. Así que tuvo que enfrentarse al hecho que un pasajero blanco se quejara de su presencia. Los policías a bordo lo intentaron llevar por la fuerza a tercera clase, donde se encontraba el resto de los indios. Ante la negativa, fue expulsado del tren. Como respuesta al hecho, Gandhi escribió un telegrama al director general de ferrocarriles y a Abdulla. Pronto recibió disculpas de la empresa, pero sin acceder a la primera clase reanudó su viaje hasta Charlestown; de nuevo, con su tiquete en regla, fue retirado de su lugar y enviado junto al cochero. Al intentar recuperar su puesto, fue obligado a ponerse de rodillas y, de pronto golpeado como una bestia. Gracias a la intervención de algunos pasajeros se evitó la muerte de Gandhi. De nuevo más telegramas y cartas fueron enviados a directores y encargados. Hasta el punto que, en un último intento por reanudar su viaje, se le concedió el puesto que indicaba el billete de viaje hasta Pretoria.

En tal ciudad el Mahatma se interesó por el hinduísmo. Estudió también el protestantismo y el cristianismo, y al igual que Jesús en Palestina "se sintió con el ánimo de expulsar de los templos brahmanes a los comerciantes que se aprovechaban de la fe usando los sitios sagrados como ferias de diversión".

En estos momentos entendió más que ningún otro mortal que el problema esencial del hombre residía en las discriminaciones provenientes del color de la piel. Entonces todo vestigio de timidez se esfumó de su vida; pronto estaba incitando a amigos y conocidos a combatir dicha injusticia. Recolectó firmas para combatir el problema que sufrían los indios en

los ferrocarriles, en los restaurantes y en todo sitio público; dando muestras que nunca se rendiría y que estaba empezando la lucha que proseguiría a lo largo de su existencia.

Estaba dispuesto a regresar a su país, ya que daba por concluida su labor en Sudáfrica como abogado. Sin embargo, cuando descubrió que se prohibiría a sus compatriotas votar en las elecciones para la cámara legislativa, se sintió obligado a permanecer. Organizó a las familias hindúes para que actuaran en contra de la nueva ley. A esta situación se sumó un impuesto de 25 libras para todo aquel indio que se negara retornar a su país en el momento de concluir los acuerdos laborales. A pesar de ello, la ley seguía obligándolos a la repatriación con un impuesto de 3 libras, que significaba seis meses de sueldo de un peón.

No contento Gandhi con la situación que estaban afrontando centenares de personas de la clase trabajadora, impulsó las primeras huelgas de los hindúes, que costaron varias vidas humanas a causa de la represión policial. Como consecuencia, la ley se aplazó veinte años, pero la sangre ya había sido derramada.

Al mismo tiempo, fue atrapado por un nuevo contrato laboral ofrecido por los comerciantes indios, el cual estipulaba la defensa de los derechos civiles de sus coterráneos que actuaban en Sudáfrica como negociantes, contrato que le llevaría a permanecer en el exterior durante casi veinte años (1893 a 1914).

Pronto se consolidó la Asociación Hindú para los Derechos Civiles. Y cuando los holandeses (los bóers) y los ingleses se declararon la guerra, a través de la Asociación Gandhi recomendó a los indios apoyar a los bretones actuando como camilleros.

UN HÉROE, UN LÍDER QUE RETORNA AL LADO DE SU PUEBLO POR UN CORTO PERÍODO

Tras estos años de arduas contiendas, el Mahatma se embarca con dirección a la India. Estudia las lenguas más habladas en su país, el urdu y el tamil, lo cual le permitirá ser escuchado y leído por todas las castas. Se había convertido en un hombre de reconocimiento popular y el bufete de su hermano adquirió gran prestigio, pero la mente de Gandhi se concentraba todavía en la lucha por los indios que seguían siendo explotados en Sudáfrica.

Uno de los medios de información usado reiteradamente por este luchador incansable fue el *Folleto Verde*; en poco tiempo distribuyó más de diez mil publicaciones, persistiendo en su causa. Y si no hubiese sido por la peste que se extendía por todo el terrorio indio en aquel momento, sus palabras impresas en el *Folleto Verde* hubieran ocasionado una rebelión masiva.

También coincidió la peste con el nacimiento de su segundo hijo, quien escapó a las garras de la muerte que azotaba al país. Con más ímpetu que antes y desafiando incluso la peste organizó uno de sus primeros mítines multitudinarios en Bombay; luego se desplazó a Calcuta. Su popularidad había crecido tanto para aquel entonces que se le solicitaban entrevistas para diversos medios de comunicación, y se entrevistaba con grandes personalidades de la India, quienes, en su mayoría, le decepcionaron por vivir en la opulencia, mientras la gran mayoría de la población ni siquiera tenía derecho a una ración completa de comida.

El periódico británico *The Englishman* le ofreció abiertamente sus páginas para que denunciara los improperios que padecían los indios en Sudáfrica. Las respuestas de los lectores no se hicieron esperar, dando todo su apoyo a la causa de Gandhi, quien, como presidente de la Asociación por los Derechos Civiles de los Hindúes en Sudáfrica, debió retornar a dicho país para continuar una revolución que estaba en marcha. Esta vez partió con su esposa, que estaba embarazada de nuevo, y sus hijos.

Las autoridades sudafricanas consideraron que un revolucionario y sus ochocientos seguidores intentaban desembarcar en Natal, así que se prohibió a los barcos que habían partido de la India llegar a puerto, con la excusa de que inmigrantes ilegales serían introducidos al país. Entonces, de manera truculenta, se ofreció a los pasajeros el retorno seguro a la India. Gandhi se negó rotundamente. Afortunadamente, la prensa internacional denunciaba este hecho, de manera que las embarcaciones finalmente fueron aceptadas en Sudáfrica. La población, inducida por la noticia de que los cargueros llevaban la peste consigo, intentó linchar a Gandhi y gracias a la intervención de lady Alexander, esposa del Superintendente de la policía, nuestro personaje logró escapar sano y salvo; después de permanecer aquél escondido tres días en la comisaría, el *Folleto Verde* denunció las injusticias que se cometían contra los pasajeros y aclaró que Gandhi sólo reclamaba justicia para los suyos. Los agitadores se calmaron tras un juicio que pretendía identificar a los atacantes.

Finalmente, cuando los bóers y los ingleses firmaron la paz de la Unión Sudafricana, seis años de relativa tranquilidad siguieron a este período. De repente, el imperio británico sufría un nuevo golpe; la rebelión de los zulúes los estremeció. Esta gente, que vivían como esclavos a pesar de ser la población más numerosa, fueron literalmente masacrados por los ingleses. El imperio británico aprovechó, además, la división interna de las tribus para apaciguar los ánimos. Gandhi pudo observar con sus propios ojos cómo los cuerpos eran mutilados y desfigurados con sed de venganza.

Mientras la situación de Sudáfrica era más tensa, India sufría la peor epidemia de hambruna de este siglo; así que Gandhi recolectó dinero y lo envió a la India.

UNA MIRADA AL GITA Y LA REVELACIÓN DE LAS LEYES NATURALES

La epopeya del héroe Arjuna, quien enfrenta a sus enemigos en el libro sagrado de los hindúes, el *Gita*, le dio de nuevo fuerzas al Mahatma para recobrar su vitalidad. Arjuna, azotado por la derrota, escucha las palabras del dios Krishna:

> *No te asuste la muerte que puedas causar, porque sólo se destruye el cuerpo, nunca el alma, ya que ésta reencarnará.*
> *Los cuerpos sólo son vestidos que se ponen y se quitan.*

Gandhi, como bien lo cita el escritor Stanley Solana, toma estas frases como la destrucción de sus propias pasiones, para cumplir el caritativo *aparigraha* (no poseer nada) y

seguir el noble *samabhava* (igualdad humana).
*Empezó por renunciar a parte de sus ingresos,
quedándose tan sólo con lo necesario para
que su familia viviese de una forma modesta.
Su hermano mayor protestó airadamente con-
siderando que Gandhi les estaba robando, y
juró no dirigirle palabra alguna al Mahatma
por el resto de su vida, juramento que mantuvo
durante muchos años, casi hasta los últimos
días del profeta*[1].

La relación de Gandhi con su familia se
deterioró más cuando decidió renunciar a una
póliza por valor de 10.000 libras. Sustentó su
decisión en las palabras del *Gita,* que expresa-
ban claramente que ningún hombre debe proteger su futuro con dinero, ya que supone un
acto de desconfianza frente al destino o frente
a la propia habilidad de los seres humanos de
valerse por ellos mismos usando los recursos
personales e inmediatos que se presentan en
la vida.

---

[1]   SOLANA, Stanley. *Gandhi. Grandes Iniciados.* M.C.
Editores. Madrid, 1977. p 59.

También bajo el influjo del libro sagrado se negó a que sus hijos asistieran a la escuela, porque en ella se impartía una educación cristiana. En su lucha por vivir de acuerdo a las leyes naturales asistió el parto de su esposa sin ayuda de médicos; para ello, como era su costumbre, se educó previamente. Se liberó de la medicina de Occidente y se dedicó al estudio de la antigua medicina, como por ejemplo la hidroterapia, las dietas y cataplasmas.

En 1901 Gandhi era reclamado en India. Algunos seguidores y amigos como muestra de afecto le obsequiaron unas joyas, y éste, en su intento por proteger a su esposa e hijos de cualquier emergencia económica, depositó las joyas en un banco bajo el control de ciertos fideicomisarios elegidos entre los principales miembros de la comunidad hindú, la cual recibió altos intereses para su bienestar y mantenimiento y terminó siendo, más que su propia familia, la real usufructuaria de dichos beneficios.

Una situación que alarmaba al Mahatama era la falta de cuidado y aseo personal de sus hermanos indios. Sometidos a viajar largos trayectos en vagones sin baño, los niños y las mujeres eran expuestos a contraer diferentes virus y enfermedades causados por los olores pútridos de los vagones. Pero la violencia más ruin para Gandhi era la ignorancia y la falta de respeto con el templo entregado por Khrisna: el cuerpo. Cargaba una pala pequeña y cubo para recoger excrementos de las personas en las calles y los trenes, y se tomaba el tiempo de conversar con la gente explicándoles el uso y beneficio de los servicios de higiene públicos.

El problema no radicaba únicamente en la falta de conciencia de los hindúes, también las empresas ferroviarias vendían exceso de tiquetes de trenes de clase económica y la gente se amontonaba en los vagones, a los cuales Gandhi denominó "pocilgas rodantes"; obtuvo la impresión de que las autoridades inglesas consideraban a los indios más pobres como ganado que les enriquecía comprando billetes de bajo costo. Como los humildes siempre aceptaban en silencio ser maltratados porque no tenían otra opción, Gandhi se dedicó a viajar con ellos en tren, para con su palabra devolverles la autoestima que cada ser humano debe conservar frente a tanta humillación.

Cinco años después Gandhi se sometió por completo a los votos de castidad que indicaba el *Brahmacharya* y se sintió beneficiado de una especie de reencarnación al liberarse de los placeres de la carne.

En un orden consecuente, e imbuido por toda estas teorías, compró una finca en Phoenix, donde se radicó con su familia por un tiempo, y pensó en dedicar parte de sus esfuerzos en la agricultura, la cual nunca será reemplazada por la industrialización, según las palabras de Ruskin, expresadas en el libro *Hasta lo último*. En medio de estas tareas artesanales, instaló la imprenta del *Indian Opinion* en su granja; tal publicación era el periódico de la Asociación Hindú para los Derechos Civiles. A su propiedad llevó a varias familias sin tierra y a cada una les entregó tres acres para que los cultivaran con el compromiso de no venderlos nunca. Casi una réplica de las ideas de León Tolstoi. En cuanto a los niños y jóvenes de la casa en Phoenix, proscribió el castigo corporal e implantó la educación personalizada de aquellos menores de edad. Eliminó el concepto de servidumbre e impulsó las ideas de igualdad de deberes y derechos. Experimento que luego pondría en marcha en la granja de Ashram.

LA RESISTENCIA PACÍFICA

Mucha sangre se había derramado en estos años, y algunos blancos, celosos del enriquecimiento honesto de una cantidad modesta de indios, obligaron a los asiáticos a ceñirse a un empadronamiento y registrar sus viviendas, bajo el falso eslogan de una invasión y apropiamiento ilícito de ciertos terrenos. Así que Gandhi viajó de nuevo a Londres, y concretó a la prensa para demostrar la falsedad de ese falso eslogan. Súbitamente su mente halló la respuesta a este problema en el *satyagraha*, concepto que se basa en la firmeza de la defensa por la verdad. Esto significaba la creación de una resistencia pacífica.

Aquél fue un nuevo concepto de la lucha revolucionaria, que el sabio Gandhi tomó del Sermón de la Montaña, especialmente al recordar pasajes como estos: *No resistáis a los malvados, amad a vuestros enemigos, haced el bien a quien os persigue para merecer el título de Hijos del Padre Celestial.* También evocó la obra de Tolstoi, *el Reino de Dios se encuentra dentro de vosotros.* A partir de aquel momento todos los Hindúes se negaron a firmar los documentos que el gobierno exigía. Y aunque el gobierno inglés prorrogó inútilmente el plazo de inscripciones, el 26 diciembre de 1907 se implantó una ley de inmigración que permitía a los indios con contrato laboral permanecer; la gran mayoría no podía cumplir con dicha exigencia, entre ellos Gandhi, quien se negó a salir del país.

El general Smuts, a cargo del empadronamiento, ofreció a Gandhi anular la ley de emigración si inducía a la gente a aceptar la inscripción de cédulas de identidad con huella dactilar y la de las viviendas, y a cambio liberó a los presos que se hallaban en las cárceles por negarse a aceptar el empadronamiento. Un trato para nada ideal, pero que según el Mahatma permitía adelantar un paso en dicho proceso. Smuts traicionó su palabra y dio marcha a la expulsión de centenares de indios. Como respuesta a este engaño, en una plaza pública miles de documentos de registros asiáticos fueron quemados frente a las fuerzas públicas, dando pie a que la represión se intensificara y las cárceles se abarrotaran de inocentes. La lucha persistió ante la crueldad de Smuts.

La falta de sanidad y de alimentos impuso la repatriación inmediata y gracias a la persistencia de Gandhi sólo algunos pocos fueron repatriados, pero muchos se arruinaron y el boicot culminó.

Debido a la coronación de Jorge V, en Inglaterra se concedió una amnistía, pero ante la negativa de los hindúes de participar de la celebración de la nueva coronación, los matrimonios fuera del cristianismo se consideraron ilegales. Las mujeres entonces decidieron participar activamente en esta lucha; así que las asiáticas marcharon airadamente hasta las minas de Transvaal. Y aunque muchas fueron detenidas, la sublevación se había diversificado por muchos puntos.

Esta vez la cárcel se convirtió en el mejor recurso para que los centenares de protestantes tuvieran al menos techo y alimentación; dicha manutención esta vez fue por cuenta de las autoridades. Una jugada genial de Gandhi.

Las marchas pacíficas en defensa de los derechos civiles se convertían en una fuerza imparable; grandes masas de hombres y mujeres atravesando fronteras sin responder a los golpes, insultos y vejaciones. La prensa tituló este desfile como la "marcha del hambre". En la medida en que los víveres se agotaban un hombre europeo donó cantidades incalculables de pan.

Gandhi y dos de sus colaboradores fueron encarcelados, admitiendo su culpabilidad como incitadores de tales protestas. Los huelguistas fueron condenados a trabajos forzados en las minas. El mundo entero volcó su mirada ante tales atropellos y, dada la presión de varias naciones, el virrey Botha y el general Smuts fueron obligados a poner en libertad a los presos políticos. Entre tanto, Gandhi dedicó sus días a la reflexión, y al ser exonerado de todo cargo, dio como regalo al general Smuts unas sandalias que había hecho en prisión. Tal gesto convirtió al Mahatma en el profeta de la no violencia, al estilo de los grandes ascetas hindúes, con el resabio védico del "perdón como estandarte del valiente". Antes de partir definitivamente de Sudáfrica, el profeta legó a sus seguidores la herencia de que la verdad necesita simplemente de la perseverancia de los inocentes. El pequeño Goliat había derrotado al gran imperio británico sin haber enfundado más arma que su palabra.

Gandhi llegó a la India el 18 de julio de 1914. La Primera Guerra Mundial golpeaba a Europa, así que el profeta postergó muchos de sus planes e invitó nuevamente a los hindúes a colaborar en el conflicto armado como camilleros.

Los triunfos legales obtenidos a lo largo de estos veinte años pueden resumirse en tres enunciados:

— Supresión total del impuesto de tres libras.
— Reconocimiento legal de todos los matrimonios no cristianos.
— Disolución total de la ley de inmigración.

Más allá de toda consideración mandataria del imperio británico, el éxito más sobrecogedor de este período se sustenta en el reconocimiento de muchas razas previamente tratadas como esclavas. La voz del humilde y del pobre se pronunció finalmente.

¡DESNUDÉMONOS DE LO INGLÉS!

La idea de convertir a la India en un país netamente nacionalista la había iniciado el inglés Allan Octavian Hume al crear el Congreso Nacionalista Hindú. Dicho congreso actuaba como un tribunal de quejas y reclamos, que pretendía recuperar y proteger la idiosincracia de una cultura milenaria, basado en un principio pacifista que pronto se impregnaría de ideas anarquistas. Al mismo tiempo, los musulmanes contaban con su propia Liga, la cual buscaba obtener garantías equitativas que les permitieran comerciar al nivel de los ingleses; éstos representaban a las clases emergentes, olvidando las clases oprimidas.

Por otro lado, las castas más altas de los Kshatryas y los brahmanes, movidos por el interés que India estaba generando mundialmente, terminaron por fomentar sus ambiciones nacionalistas entre los ricos y poderosos. En medio de este caos de ideas Gandhi parecía cansado y alejado de los problemas. Sin embargo, el profeta estaba reflexionando y tomando aliento para proseguir con su vida política activa.

Entonces su campaña se resumía en una frase simple y reveladora "¡Desnudémonos de lo inglés. Basta de imitar al dominador, basta de vestir como él, basta de hablar su idioma y basta de consumir sus productos!". Se negó a prácticar el inglés, y se dirigió por radio a las masas, usando las lenguas propias del país. Inició el llamado *swadeshi* o boicot contra los productos foráneos, fomentando el desarrollo económico de la India.

Tres años luego de su regreso a la India, decidió crear la "Mansión de la Fuerza Anímica", el *Styagrahashram*, para homenajear a su gran maestro Gokhale, recién fallecido. El 25 de mayo de 1915 se sentaron las once normas que debían guiar a sus miembros. Entre las que vale destacar los votos a la castidad, la verdad y el voto de hilar y tejer a mano para impulsar la industria textil de la India. Mandamientos que puso en práctica en Sabarmati, donde edificó su nueva granja, y su Ashram (su ermita). Allí, los campos verdes y la cercanía con el río facilitarían las tareas agrícolas. Al cabo de un tiempo este paraje tomó por nombre el Sathayagraha Ashram. Parte de la tarea de educar a los niños que vivían allí fue encomendada al gran amigo de Gandhi, Tagore, quien fuera llamado "el gran centinela".

Aquí es cuando tenemos que recalcar de nuevo el hecho del dolor que le producía ver a los parias, considerados como la casta más baja, como seres "intocables", destinados únicamente a recoger basura y a limpiar las letrinas. Al defender con ahínco a los "intocables", las donaciones de industriales y comerciantes le fueron negadas, una situación a la cual incluso su esposa e hijos se opusieron; sabiamente, Gandhi adoptó a un paria como hijo suyo e impuso su sabia voluntad. La precaria situación económica se solucionó al poco tiempo cuando un nuevo mecenas apareció en el escenario de

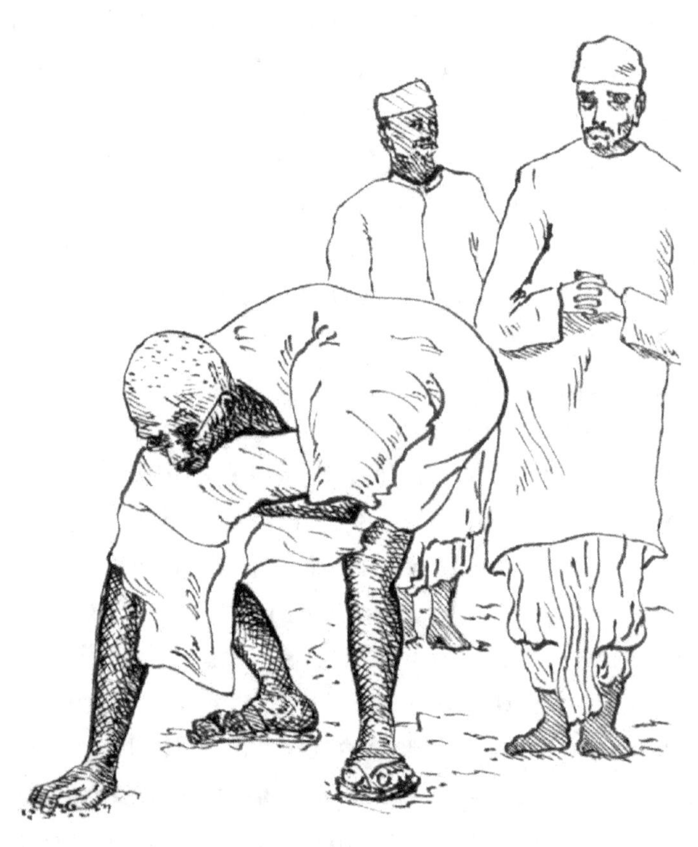

la vida de Gandhi, y todos tuvieron que acatar su mandato de proteger y respetar a todo paria.

El Mahatma, en su recorrido, llegó a las cercanías del Himalaya, donde los campesinos hindúes estaban sometidos a vivir en arriendo y trabajar las tierras recibiendo un porcentaje mínimo, mientras los coarrendatarios, ingleses en su mayoría, percibían el 75% de las ganancias. Para cerciorarse de la veracidad de este hecho, entrevistó a más de 8.000 campesinos; mientras adelantaba su estudio se le solicitó que abandonara la región inmediatamente, y como se negó a hacerlo fue detenido nuevamente por el lapso de un año. La situación de Gandhi recluido incitó más a los campesinos a sublevarse ante su precaria situación económica. Al cabo de este año, los ingleses, amedrentados por el poder de Gandhi desde la prisión, cedieron sus derechos de la tierra a los hindúes.

Finalmente, en su lucha contra la pobreza, Gandhi seguía vistiéndose con su sari o túnica, su taparrabo y las sandalias, incluso en las reuniones que tenía con jefes de todas las nacionalidades e índole socioeconómica.

LAS HUELGAS DE HAMBRE

El ánimo general se hallaba revuelto como de costumbre, y ante la permanente actividad huelguista de la nación, la corona británica decidió imponer la Ley de Rotwall, que impondría medidas drásticas usando la violencia para detener la fuerza del pueblo, que cada vez crecía más bajo la supervisión de Gandhi.

Recién acababa de reponerse de un ayuno, cuando la ley se hizo efectiva el 19 de marzo de 1919. El Mahatma respondió con el *hartal,* un paro total de veinticuatro horas en la India. En lugar de abrir los comercios y acudir al trabajo, la gente se dedicó a la oración y a la penitencia. No todos obedecieron al profeta. Brotes incontrolados de violencia sucedieron en algunas ciudades e ingleses inocentes fueron asesinados; entre los abatidos cayeron niños, mujeres y ancianos.

En Punjab, el general Dyer, a cargo de sus leales tropas, ordenó que se abriera fuego, el 13 abril, contra los manifestantes musulmanes, dando muerte a 400 personas e hiriendo a otras 1.500. Gandhi lamentaba su error estratégico y se inculpaba por los hechos acaecidos en la ciudad de Punjab. Los meses que siguieron, el Comité a cargo de la investigación a cerca de la matanza en Punjab, llegó a la conclusión de que la culpa de tal hecho la tenían los manifestantes. Gandhi se sintió asqueado de la injusticia británica. Asumía la responsabilidad de su pueblo y repudiaba por vez primera la Constitución inglesa. El profeta, que siempre había sido, en medio de todas las circunstancias, el súbdito fiel de la corona inglesa, se convertía con los dedos untados de sangre en un acérrimo enemigo. Sin olvidar, bajo ninguna circunstancia, que no abandonaría la resistencia pacífica.

EL PACTO CON LOS MUSULMANES

"El perdón enaltece al guerrero", con estas palabras asistió al Congreso de Delhi, organizado por los musulmanes en 1920, después de que el Califa, el jefe religioso de todo el mundo islámico, ordenara el desmembramiento del imperio mahometano, tras la derrota de Turquía en la Primera Guerra Mundial.

El Congreso tenía como objetivo principal manifestarse en contra de los ingleses; las primeras ideas sustentaban la venganza armada contra el imperio británico, ideas que Gandhi rechazó de plano. El Mahatma propuso inmediatamente la no cooperación, que consistía en reanudar la oposición, involucrando el rechazo a la educación pública impartida por los ingleses, desodediencia total y desconocimiento del pago de los impuestos, deserción de los ejércitos, etc.

Finalmente el Congreso aprobó la propuesta de Gandhi, creándose una alianza parcial de mutua ayuda entre musulmanes e hindúes. Uno de los puntos más contundentes volvía a ser de nuevo el rescate de la economía nacional, que se basaba en el trabajo artesanal. De ahí que de ahora en adelante Gandhi no se desprendiera de la rueca. Tejía una hora diaria y su indumentaria se volvió todavía más rústica, casi como la del faquir.

Famosos abogados rechazaron a clientes británicos, se redujo la venta de alcohol en más de un 20% y con ello las tasas que los gravaban. En las plazas públicas se quemaron los artículos provenientes de Inglaterra, a pesar de que muchos quedaron prácticamente desnudos. Una pasión por la pobreza se generalizó y algunos hombres que habían amasado grandes fortunas entregaron todo su dinero a los más humildes.

Y como quedó señalado, la idea del nacionalismo dio su primer paso gracias a la idea de Octavio Hume, pero fue Gandhi quien se convirtiera en el precursor del nacionalismo indio, contando además a las fuerzas musulmanas. Pero las repetidas acciones violentas de grupos separatistas obligaron a Gandhi, bajo la evidencia de los hechos, a descartar la desobediencia civil como método para contrarrestar la hegemonía bretona. Como desagravio de la barbarie de los dos años consecutivos, el profeta se entregó a un nuevo ayuno de cinco días, sin dejar de suplicar por el perdón y el restablecimiento del respeto a la vida humana, independientemente que su origen fuera bóer, bretón, musulmán, parsi, indio o de otro tipo.

En este mismo año Gandhi es detenido nuevamente por las autoridades y sometido a "El Gran Proceso". La razón de esta detención y el juicio llevado a cabo tomaban como evidencia los artículos que Gandhi publicaba en *Young India,* considerados como subversivos. La condena dictaminada pronunciaba como sentencia seis años de cárcel, de los cuales sólo cumplió dos años y treinta días debido a la presión internacional, que miraba con preocupación la salud del Mahatma. En aquellas interminables noches y días fue operado de apendicitis.

Como era bien conocido por la opinión pública Gandhi era un lector ávido; en cierto modo disfrutaba más que ningún otro preso sus condenas y se dedicaba casi por completo a los libros. Leyó entonces *Declive y caída del Imperio Romano,* de Gibbon; *El segundo libro de la selva*, de Kipling; *Hombre y Superman,* de Shaw; *Historia de la civilización*, de Bukle; *Los Diálogos*, de Platón; *Los Misterios de los Rosacruz*, y como ante todo quería entender la mentalidad de los musulmanes dedicó mucho mayor tiempo a *Las vidas de Mahoma y sus sucesore*s, de Washington Irving, y la obra de Amir Alí, un tanto sedienta de sangre, titulada *Breve historia de los sarracenos.*

COMO UN MISIONERO

Los partidarios de la no cooperación estaban cambiando de táctica, y desobedeciendo las órdenes del Mahatma, decidieron infiltrarse en las instituciones del gobierno, intentando dar un golpe de Estado. Pero pronto dichas ideas "independientes" llegaron a los oídos del profeta, quien denunció a través de cartas y artículos la situación que ponía en peligro la poca estabilidad que se había alcanzado hasta entonces. Lo que en realidad lo descorazonaba era empezar sus luchas desde el principio. Una vez más tendría que comenzar su propio movimiento e imponerlo al Congreso. Empezó entonces su ayuno más largo, de 21 días.

Cuando Gandhi dio por terminado su ayuno al mediodía del 8 de octubre, tenía la seguridad de que los líderes musulmanes e hindúes habían pasado por un momento de extraordinaria tensión, conscientes de su responsabilidad para poner fin a su contienda comunal. El demonio había reinado sólo un momento. Pero volvería de nuevo, una y otra vez, para tentar a cada pueblo y ciudad de la querida India. Reanudó su vida como en años anteriores viajando en vagones de tercera clase, hacía un alto en algunos pueblos e iba de casa en casa llevando su palabra; además, cargaba consigo su rueca, de un modo obstinado pregonaba la recuperación de la artesanía, especialmente la recuperación de la tela Kadhi. Al mismo tiempo recolectaba monedas que entregaba a los más pobres.

Cuando fue elegido presidente del Consejo en el año de 1925, aconsejó a las mujeres que se lucieran prendas confeccionadas con telas nacionales. Gracias a esta idea recolectó casi un millón de rupias, que entregó a la Asociación de Hilanderos. Recogiendo las huellas del pasado volvió a retomar su causa con los "intocables", de modo que se aseguraba de que en los mítines se les ubicara cerca al estrado. Quiso que la India entendiera de una vez por todas que no podían seguir existiendo seres humanos a los que se les consideraba desechos de la humanidad.

Cambió el nombre de "intocables" por "Hijos de Dios", y de ahora en adelante aquéllos se llamarían los *harijan*. En presencia del Mahatma los parias recibían un trato diferente, pero al dar la espalda Gandhi, se les consideraba de nuevo un resquicio social que debía mantenerse por siempre como la casta más baja.

Apoyó su labor en las manos de las mujeres, algunas occidentales, que le siguieron, le amaron y le acompañaron con sus lágrimas en su funeral.

EL TRIUNFO DE BARDOLI

En Bardoli se presentó de nuevo un conflicto agrario que requería de las habilidades del profeta. Previamente, su asesor en investigaciones partió al lugar de los hechos, donde pudo verificar que la situación obedecía al abuso en el cobro de los impuestos. Entonces Gandhi se pronunció aconsejando interrumpir el pago de dichos impuestos, a la vez que advirtió del riesgo inminente que corrían los labriegos de ser expropiados.

El gobierno tomó la decisión de vender las tierras. Los campesinos perdieron todo; eran desalojados de sus tierras, pero al día siguiente volvían sin importarles los improperios de la policía: un gesto de humildad que ni siquiera podía llegar a compararse con una mente occidental. Como resultado de esta persistente actitud, el gobierno devolvió las tierras, indemnizó a los afectados y se redujeron los impuestos. La fe volvió al corazón del pueblo y Gandhi prosiguió confiado en su lucha.

Posteriormente la corona británica, azotada por las fuertes arremetidas de Gandhi, creó la Comisión Simon, que debía dar un veredicto acerca de las condiciones de la India para obtener el autogobierno. Situación que ofendió a Gandhi y a toda la ciudadanía. La moción fue rechazada por todos los sectores. Cuando los delegados ingleses llegaron, el repudio era generalizado. Gandhi amenazó con aplicar nuevamente la "no cooperación" e implementar otras medidas, si no se le concedía la autonomía a la India. El 31 de diciembre de 1929 se dio paso libre a las actividades subversivas. "Éstas jamás se detendrían hasta obtener la victoria final".

Era de esperarse que activistas y comunistas reaparecieran en el escenario de los enfrentamientos violentos, así como opositores de los sectores indio-musulmanes. Gandhi no podía creer que la historia se repitiera. La India aún no estaba preparada. En este caso, los bretones fueron arrojados de sus casas, perseguidos y maltratados. Inmediatamente el profeta se movilizó para detener cualquier muestra de violencia, a la vez que proclamaba la resistencia pacífica. Algunos hombres se tendieron sobre las calles para evitar el tráfico de carruajes y vehículos, otros prosiguieron con el acostumbrado boicot en las fábricas, las minas y las granjas.

Para muchos, el 26 de enero fue llamado el día de la independencia, aunque ésta no se concediera. Las mismas manifestaciones, los mismos actos en las calles, todos siguiendo

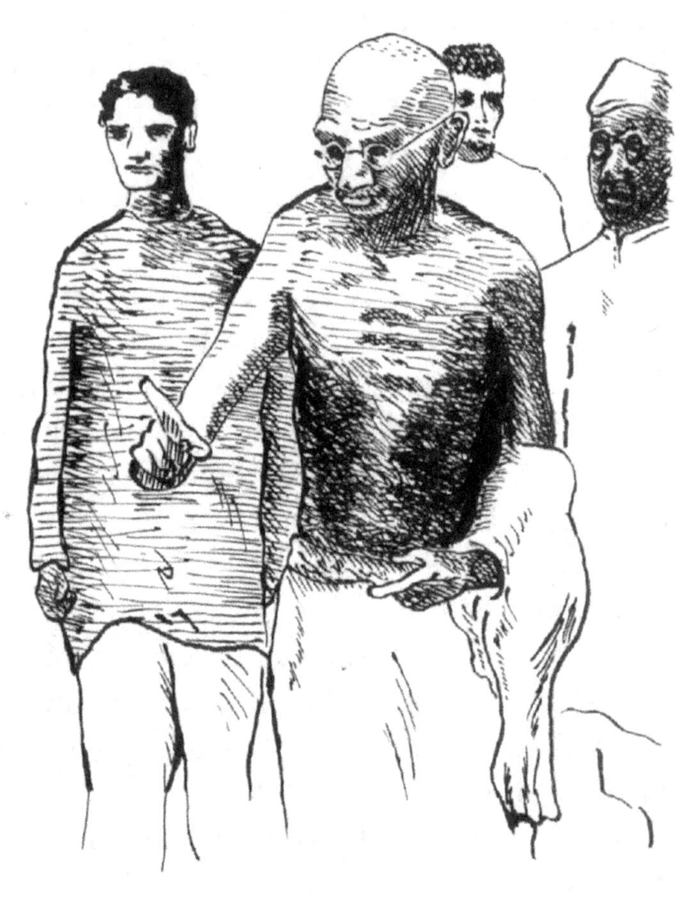

el postulado de la no cooperación, dentro de un ciclo, un círculo vicioso estratégico que no obtenía respuestas. Hacía falta el paso más definitivo. La brillantez de las ideas del profeta, que nuevamente iluminaban a su pueblo. Su mirada se centró en el punto más doloroso y débil para los ingleses: el pago de los impuestos. Y aquel más representativo pesaba en la sal. "Recordó que el té había servido para que diese comienzo la lucha de los Estados Unidos por su independencia". Se dedicó a seleccionar 78 personas de su Ashram. El grupo estaba conformado por abogados, profesores, campesinos y parias.

LA MARCHA DE LA SAL

La marcha de la sal es considerada el acto más decisivo y determinante en la vida de Gandhi y su pueblo. También este acto multitudinario se convirtió en una oración silenciosa, impregnada de simbolismo.

La marcha partió el 12 de marzo. Setenta y nueve manifestantes, dirigidos por el mismo profeta, tomaron rumbo a las playas de Dandi. La persona más joven del grupo tenía dieciséis años, y el más viejo contaba con sesenta y un años.

El virrey, por su parte, temía el desenlace. La prensa internacional estaba presente. Todo acto de represión o de contención de la marcha sería juzgado por los observadores que asistieron a presenciar este movimiento sin precedentes. Miles de hombres se fueron adhiriendo a los revolucionarios con el paso de los minutos. Nadie dejó de recoger un puñado de sal, como prueba de que iban a llevársela sin pagar ningún impuesto. También miembros del Consejo vendieron sal por las calles.

En la primera parada de la caravana en Aslali, se escuchó el pronunciamiento para sus seguidores. Moriría en el camino o procuraría no regresar al Ashram hasta que se hubiera logrado su meta. *Por alguna razón, Gandhi se sintió abrumado por el pensamiento de morir durante el viaje, y se refería a su muerte inminente como algo que esperase tranquilamente*[2].

---

2   PAYNE, Robert. *Gandhi*. Bruguera. Barcelona, 1976. Tomo II. p. 75.

La prensa internacional publicó: "la fuerza de voluntad de este hombre es enorme"; no era para nadie un secreto que el profeta tenía un grave deterioro de su salud. Y cuando se le interrogó acerca de sus propósitos expresó: *Deseo la simpatía mundial en esta batalla del Derecho contra el poder.* Atemorizado el virrey por los hechos que podrían suceder en estos días, ordenó públicamente a la prensa nacional no informar acerca de la marcha, pero era demasiado tarde, la prensa internacional estaba al tanto de todo. El eco de los gritos: *"¡Inquilah zindabad!,* ¡Viva la revolución!", fue escuchado por todo el mundo.

Como represalia, 60.000 personas fueron conducidas a prisión, entre ellas el profeta, quien fue llevado directamente a Yeravda, cárcel que sería más conocida por el sobrenombre que Gandhi señaló: "El Templo". La sal de las minas de Dharasa se tiñó con el rojo de la sangre que fue derramada allí. La policía abrió fuego sobre los manifestantes. Según la opinión británica, el "ataque" no violento por parte de los indios y musulmanes, quienes no portaban ni una sola arma, acabó en fracaso;

había prevalecido la ley; y el rajá había sobrevivido a otra provocación de las desarmadas fuerzas de Gandhi.

Algunos días después, brotes aislados de insurgentes repitieron pequeñas marchas aisladas; entre ellas se cuenta la organizada por la poetisa Sarojini Naidu junto con 2.500 personas, las cuales fueron expulsadas brutalmente de las playas.

Los miembros del Congreso también fueron llevados a prisión; Gandhi, desde la cárcel, estaba dirigiendo un gobierno fantasma. El 31 de enero de 1931, nueve meses después del incidente de las minas de sal en Dharasa, el virrey lord Irwin solicitaba la presencia del profeta, para sostener un diálogo abierto en el que se pudieran establecer una serie de acuerdos. Muchos llegaron a creer que Gandhi les había traicionado, convicción que se reafirmó mucho más cuando Winston Churchill reemplazó rápidamente al virrey Irwin y el nuevo gobernante despreció todo los acuerdos pactados con anterioridad.

Dentro del pacto establecido con Irwin, Gandhi debía viajar a Londres para sostener una conferencia magna, llamada la Conferencia de la Tabla Redonda, donde se pondrían de manifiesto las dos partes en desacuerdo y se llegaría a una decisión final. El profeta permaneció 89 días en Londres, los periodistas le asediaban, tenía una agenda diaria demasiado apretada, y diariamente pronunciaba alrededor de de dos o tres discursos. En vano fueron sus esfuerzos. El profeta no logró modificar la Constitución de la India.

"Mostraba una imagen tan peculiar, mucho más humilde que la de san Francisco de Asís y tantos otros santos y grandes hombres de Occidente, que el mundo entero le convirtió en el personaje más famoso. Todos los grandes mitos del cine, la literatura, las bellas artes, la política y el deporte buscaron su compañía. No perseguían la publicidad, aunque supieran que sus fotos darían la vuelta a la tierra, ya que sólo querían demostrarle su apoyo más absoluto".

Antes de partir de Londres, Gandhi conoció por primera vez el cinematógrafo, sostuvo una charla amena con Charles Chaplin, por quien desarrolló una admiración profunda. Entre otros nombres también se destacan Romain

Rolland, famoso autor de biografías y experto en religiones.

Aprovecharía su estancia en Europa para visitar Suiza e Italia; siempre recordaba a la *signora* Albertini, la Cruz del Vaticano, la Capilla Sixtina, en la cual derramó algunas lágrimas, conmocionado por la majestuosidad de Miguel Ángel. El Papa se negó a recibirlo en el Vaticano y cuando se refería a su encuentro con el dictador Mussolini, hablaba de "el carnicero con ojos de gato". Ésta sería la última visita de Gandhi a Europa; a lo largo de su vida ya nunca abandonaría la India.

A la vuelta debía regresar a "El Templo", a Yeravda, la prisión que se convertiría en una especie de refugio para el profeta. La situación de la India era caótica; en esa Navidad de 1931, el grupo de terroristas, autodenominado "Camisas Rojas", había acrecentado la violencia. Nuevos ríos de sangre enlutaban a la nación. Los "Camisas Rojas" estaban integrados principalmente por musulmanes y reaccionarios anarquistas que pretendían llegar al poder por medio de la violencia, además de saciar la sed de venganza de tanta masacre cometida por los ingleses. A su vez, las cárceles estaban repletas: los campesinos perdían sus propiedades al no poder pagar los impuestos y las deudas.

En firme se mantenía aún la "no cooperación". Mientras el nuevo virrey lord Willington proscribía el nombre de Gandhi, se había implantado una nueva ley donde se prohibía publicar artículo alguno del Mahatma; sus fotos habían sido recogidas de las calles y aquel que mencionara su nombre corría el riesgo de ir a prisión.

Se aceptó la participación de los parias en el Congreso Hindú, pero de ninguna manera podían participar con votos; así que Gandhi se sintió horrorizado y citó a los miembros del Congreso a una reunión que debería llevarse a cabo en la cárcel. No eran suficientes todos los problemas que enfrentaban para además de todo retroceder en un aspecto que ya parecía haberse superado. Ante la negativa de los miembros de acceder al voto libre y democrático de "los hijos de Dios", Gandhi anunció su ayuno permanente hasta el día de su muerte si no se concedía totalmente todo tipo de derechos a los intocables.

Entre tanto, el virrey se mostraba reticente a todo telegrama que Gandhi le enviaba e incrementó las persecuciones.

EL AYUNO DE BAPU

Días antes de declarar el ayuno, al abuelo, el Bapu, como cariñosamente se referían sus seguidores con respecto a Gandhi, un mar de confusiones le asaltan. No vislumbraba claramente los resultados de su lucha. Ingleses, hindúes y musulmanes parecían desacatar sus órdenes. El mismo Nehru, su amigo personal y encargado del Congreso, se negaba a llevar a cabo el ayuno perenne.

En este momento Gandhi pensaba en un cambio revolucionario de sentimientos de todos los sectores en conflicto; por ello, se refería al ayuno como la búsqueda de una luz, una "luz inmóvil y pequeña en su interior" que le ayudara a vislumbrar el camino a seguir, una inspiración divina. "Manifestó calmosamente la posibilidad de que la penitencia podía producir alucinaciones igual que inspiración". Y cuando le preguntaron si tan extremada forma de ayuno no era una coerción, respondió: *El amor domina pero no obliga, quiero poner mi ayuno en la balanza de la justicia.*

El dos de septiembre empezó el ayuno. Todos temían por la vida de Bapu. Ese mismo día el país entero se paralizó, mientras los ingleses consideraban que el gesto era un acto meramente propagandista. A pesar de ello se le permitió a Kasturbai salir de la cárcel y visitar a su esposo; lo mismo sucedió con Tagore. En la tarde cesaron los actos violentos, se abrieron las puertas de los templos en toda la India a los "intocables". Los miembros del Congreso se entrevistaron con los parias, para conciliar las partes en desacuerdo. Un primer intento fallido. La salud del Mahatma se deterioraba. Al lado de su mesa se observaban botellas de agua con sal y bicarbonato, sus libros y sus gafas. Ghandi trataba de hacer el menor esfuerzo para no debilitarse. Los médicos llegaron a creer que moriría y muchos rogaron a Tagore que le hiciera desistir, pero la determinación de Gandhi era férrea. Habían transcurrido veinte días en los que sólo bebía el agua de las botellas como alimento, a la vez que se le colocaban cataplasmas de hierba en el cuerpo para evitar que la inmovilidad ampollara su espalda. Parecía indefenso y agónico y había perdido la voz.

Aunque se estableció un acuerdo no satisfactorio, Gandhi cedió y dio fin al ayuno. Se firmó el Pacto de Poona, aboliendo el título de "intocables" para los parias, y dejando por escrito el nuevo *harijan* (hijos de Dios) tal y como lo había propuesto el Bapu previamente. Con esto quedaron abolidos treinta o cuarenta siglos de discriminaciones. Los *harijan* tendrían los mismos derechos que cualquier otro ciudadano hindú. Por su parte, el gobierno inglés le dejó en libertad; necesitaría varias semanas de recuperación física.

Con el tiempo, lord Willington lamentó esta determinación; Gandhi, su rival, emprendía de nuevo la lucha por conseguir la libertad de India, al mismo tiempo que vendrían nuevos conflictos y enfrentamientos.

Los campesinos de Gujarat le enviaron a Gandhi un carta solicitando su ayuda. Habían perdido sus granjas y la presencia de Gandhi podía ayudarles. Bapu seleccionó entonces a cincuenta personas del Ashram y partió. Lord

Willington expidió una orden de captura para las cincuenta personas que iban a Gujarat. Gandhi es llevado a la cárcel, esta vez con una condena de un año. Sufre un preinfarto y es puesto en libertad.

Decide dedicarse a vender el *Kadhi* en pequeñas aldeas y pueblos, donde se da cuenta que las supersticiones y leyendas que auguran mala suerte y enfermedades están relacionadas con los "hijos de Dios"; la más predominante es el "mal de ojo". Se da cuenta de que se necesita más que una ley para hacer entender a las gentes humildes este error. Una alternativa para ayudar a los *harijan* es la construcción de una Ashram; el trato vejatorio continuaría, pero tendrían su propia ermita.

Al mismo tiempo, un terremoto azota la región de Bihar, y Bapu piensa que es un castigo por discriminar a los intocables, debido a la relación entre espíritu y materia.

En cuanto a este tema de la corporeidad y lo espiritual, introduce dentro de sus objetivos desterrar el alcohol y las drogas, a los cuales odia. Así surge el nuevo lema que divulgará por toda la nación: "La India se encuentra entre sus pueblos". Por este motivo quería que los pueblos se pudieran autoabastecer, contasen con todo el equipo sanitario y fuese un lugar que sus habitantes adorasen. Una utopía para aquel entonces.

LOS AÑOS MÁS DIFÍCILES

Inglaterra se mantuvo neutral en la contienda de credos y religiones de hindúes y musulmanes. Situación que le permitiría unirse a cualquier bando en caso de que se disolviera la hegemonía que reinaba hasta ese entonces. Los rumores acerca de una India independiente se acrecentaban y con ello reaparecieron los grupos aislados de musulmanes que temían convertirse en ciudadanos de segunda categoría, ya que la población hindú era más numerosa.

Muhammad Alí Jinnah, uno de los hombres más ricos del país y recién convertido al islamismo, como presidente de la Liga Musulmana, resucitó la vieja propuesta de dividir India en dos naciones. Pakistán pertenecería a los musulmanes y el resto a los hindúes. Bajo las órdenes de Jinnah, "Acción Directa", un grupo de terroristas, infundió temor a la población. Bombas en las vías férreas, saqueos a los comerciantes, asesinatos e intento de sabotaje del Congreso Nacional Hindú, fueron las tácticas que Jinnah implementó desde 1937 en todo el territorio. Se hizo llamar por tiempo "embajador de la unidad"; para Gandhi no era más que el "genio del mal" personificado.

Los ojos puestos sobre India se desplazaron a la temida amenaza nazi, que cobraba fuerza. El estallido de la Segunda Guerra Mundial no se hizo esperar y todos los países del globo terráqueo quedaron involucrados. Pronto la historia mundial tomaría un nuevo rumbo; Italia con Benito Mussolini, Japón con Hiroito, España con Franco y liderando a todos estos dictadores, Adolfo Hitler.

Entre tanto las presiones de Jinnah sepultaban la idea una India unificada. En 1938 la separación de Birmania golpearía de nuevo la causa pacifista de Gandhi.

LA SEGUNDA GUERRA MUNDIAL

El Congreso Hindú estaba esperando una carta desde Londres con la promesa de que al terminar la Segunda Guerra Mundial, India obtendría el autogobierno. La respuesta de Churchill, primer ministro de Inglaterra, fue tajante y cruda: "¡No he llegado a este cargo para contemplar la destrucción del imperio británico!" A pesar de ello, Gandhi estaba brindando su apoyo moral a la corona bretona.

La situación era bastante comprometedora para los ingleses. Polonia estaba totalmente invadida, las tropas de Hitler habían llegado hasta París y Japón avanzaba sobre Singapur, Malaya y Burma. Este último se convirtió en una amenaza para India. Gandhi sugería permanecer neutral en el conflicto, consejo que no fue tomado en cuenta e incluso muchos le sugirieron que se retirara del ámbito político.

El hecho de que el mundo entero se encontrara en pie de guerra no hacía más fácil la situación interna de la India. El profeta proseguía con su lucha; el Congreso prefirió mantener la resistencia pacífica, aunque de forma representativa. Su presidente, Kalam Asad, Nehru y otros altos representantes, residentes en las principales ciudades del país, dejarían de pagar impuestos, abandonarían sus cargos gubernamentales y no comprarían ningún producto inglés. Dichas acciones fueron tomadas por el virrey como un desafío en momentos en que Gran Bretaña hacía frente a Alemania e Italia. Como reacción, se decretó el estado de guerra, se prohibieron todas las reuniones políticas, se anuló la inviolabilidad de la correspondencia, se implantó el toque de queda y cualquier tipo de comentario o manifestación en contra del Gobierno sería castigado severamente.

Churchill, además de hacer frente a Hitler y a Mussolini, estaba siendo presionado por el presidente americano Roosevelt y el dignatario chino Chiang Kai Shek, quien apoyaba con firmeza la separación de India del imperio británico. A Roosevelt le evadió por un tiempo, ya que necesitaría del apoyo de los Estados Unidos para unirse a los Aliados en contra del fascismo. Así que cuando recibió noticias de torturas, encarcelamientos y ultrajes provenientes de la India, destituyó al virrey lord Willington. A partir de este momento, varios soberanos fueron puestos y removidos del cargo de virrey, hasta que permitió que el Gabinete de Guerra estudiara la posibilidad de conceder el autogobierno de la India, siempre y cuando ésta se mantuviera bajo el control de la Commonwealth, es decir, bajo el control de la corona inglesa, respetando como idioma el inglés y manteniendo su economía y demás intereses bajo la vigilancia británica.

Stafford Cripps fue designado como máximo representante del subcomité de investigación, quien debía entregar el documento británico propuesto al Congreso Hindú, el cual esbozó su punto de vista en cuatro numerales, a saber:

1. La India conseguirá el autodominio y podrá separarse de la Commonwealth cuando lo considere necesario.

2. La tercera parte del Gobierno preautónomo se hallará compuesta por los reyes de los Estados.

3. Cualquier provincia tendrá el derecho a ingresar o resistirse a pertenecer a la Unión de la India.

4.   La defensa militar del país será organizada por Inglaterra.

Luego de compilar la propuesta, Cripps se encaminó a discutirla con Gandhi, quien se encontraba enfermo y quien de plano rechazó los numerales tildándolos de inaceptables. Y en lo que concernía a la separación de las provincias, se estaba reconociendo implícitamente la existencia de dos grupos irreconciliables: los hindúes y los musulmanes. También podrían solicitar la separación los seguidores de otras religiones, y esto era precisamente lo que Gandhi menos deseaba. Y para dejar en claro su negativa, elaboró una contrapropuesta, resumida en tres puntos:

1.   Realizar una votación entre los mahometanos para saber si deseaban pertenecer a la Unión India.

2.   En el caso de que se inclinaran por vivir en un país aparte, lo formarían después de obtener India la independencia.

3.   Los dos países organizarían conjuntamente todos sus ministerios.

Por supuesto, Jinnah, que siempre estaba a la caza, la rechazó.

En las calles se escuchaban los gritos por una India libre e independiente; el virrey a cargo temió una sublevación masiva y tomó la determinación de detener al instigador, a Gandhi. Esta fórmula, en vez de apaciguar los ánimos, los incitó. Varios edificios gubernamentales como comisarías y juzgados fueron incendiados en Bihar, Bombay, Calcuta y Bengala. Los postes telefónicos derribados, las vías férreas inutilizadas y ciudadanos británicos fueron maltratados y asesinados. Todas las acusaciones recayeron sobre el Mahatma, quien desde su reclusión intentaba defenderse. La investigación que se llevó a cabo pudo establecer la inocencia del profeta y se insinuó que comunistas infiltrados en el pueblo habían sido los verdaderos culpables.

Las tropas japonesas seguían avanzando, y ante está situación, Gran Bretaña, en colaboración con los Estados Unidos, armó poderosamente a las tropas en la India. El Congreso solicitó un ejército indio en caso de cualquier invasión, ya que las tropas británicas no serían suficientes para contener a los japoneses; Churchill se negó arguyendo que podría propiciarse

una guerra entre los indo-musulmanes o incitar a los leales de Mahatma a cometer más asesinatos en contra de los británicos residentes en India.

Churchill, en cierto modo, dejó que tanto hindúes, musulmanes y británicos se estuvieran matando entre sí. Los agobios del nazismo lo cegaban o pretendía que lo cegaban y no le interesaba económicamente perder los ingresos que la India le proporcionaba al imperio británico, provenientes de la sal, el algodón, las especias, maderas, carbón y bauxita

LAS HERIDAS DEL PROFETA

Gandhi se dispuso a un nuevo ayuno debido a la ola de violencia que se había desatado en su país, resultado de una serie de hechos conjuntos, resumidos en tres aspectos: la violencia de los suyos, la represión del Estado y todo tipo de calumnias y vejaciones, a las cuales se sometía en los últimos días.

El Mahatma dejó de tomar alimento desde el 10 de febrero hasta el 3 de marzo de 1942; para aquel entonces ya contaba con setenta y tres años. Y su espíritu dolido se manifestaba frente a la violencia material que se había perpetrado.

La muerte rondaba por doquier a Bapu. La pérdida de las cosechas en Bengala, como consecuencia del descuido de los campos, debido a la Segunda Guerra Mundial, ocasionó el fallecimiento de un millón y medio de seres humanos. Simultáneamente, Mohadev Desai, su secretario personal, perecía. Y como si fuera poco, el destino le jugó una mala pasada. Su esposa Kasturbai sufre una fuerte bronquitis que le arrebata la vida.

Kasturbai, la anciana Ba, aprendió al lado de Gandhi el gujarati, se mantuvo fiel a las órdenes de su esposo, participó activamente en la causa que lideraba el Mahatma, se ciñó como las otras mujeres a los trabajos del Ashram, las marchas, las prisiones, los debates, los viajes, la pobreza. Fue la esposa, la hermana, la madre, e incluso, cuando Desai falleció, ella asumió el papel de secretaria personal de Gandhi. Tuvo cuatro hijos, Manilal, Harilal, Ramdas y Devadas. Kasturbai estuvo varios años en prisión. Al momento de su muerte, la corona inglesa ordenó un funeral privado, el cual estuvo a cargo de Gandhi.

Luego el Mahatma regresó al palacio que se le había asignado como cárcel. A mediados de 1944 fue puesto en libertad y nunca más sería retenido. Había cumplido en total seis años y medio en diversas prisiones entre Sudáfrica e India. Al mismo tiempo, la ayuda decisiva de los Estados Unidos estaba dando por terminada la Segunda Guerra Mundial.

El nuevo primer ministro inglés, Clement Atlee, envió a India una comisión con el objeto de organizar una Asamblea Constitutiva con las funciones de un gobierno provisional; había llegado el momento para que la India enfrentara su independencia. El virrey aconsejó que Jawaharlal Nehru fuese nombrado jefe del gobierno de la Unión de la India, ya que se desempeñaba como presidente del Congreso Hindú. Nehru le ofreció a Jinnah este nuevo nombramiento, pero el líder de la Liga Musulmana lo rechazó.

El 16 de agosto de 1946, Jinnah, aquel personaje que odiaba al Mahatma, organizó la "Jornada de Acción Directa", para que a los musulmanes se les reconociera el derecho de crear el Estado soberano de Pakistán; a partir de aquel momento se desató en todo el país una verdadera guerra civil: a los miles de asesinatos cometidos por los mahometanos, respondieron los hindúes incrementando el número de víctimas mortales[3].

El caso de Calcuta es el más representativo. Cinco mil homicidios y 15.000 heridos. Ante estas cifras tan alarmantes los ingleses apoyaron la idea de dividir el país, por lo cual apoyaron las iniciativas de la Liga Musulmana. Gandhi llegó a Calcuta a los pocos días de la "Gran Matanza". Se había librado una batalla con cuchillos, dagas y lanzas. La mayoría de los muertos eran hindúes; por ello, algunos huían de la presencia del Mahatma. Sus adoradores ahora le cerraban la puerta en la cara y lo inculpaban por lo sucedido; el clima de recelo y dolor palpitaba en las calles. Su persistencia pudo más que el odio y de nuevo su palabra

---

[3] SOLANA, S. op. cit. p. 150.

fue escuchada. No podía guardarse odio alguno contra el islamismo o contra los ingleses. India era independiente y había que sacarla adelante, reconstruir su economía, rescatar los valores y la tradición, brindar educación y salud.

LA JORNADA DEL TERROR

La semana siguiente a la "Gran Matanza" se estableció un acuerdo de paz entre las dos comunidades en Calcuta. A pesar de ello, la violencia continuaba en otros lugares. El nuevo foco de violencia era ahora en Noakhali, ciudad de Bengala, en donde la población musulmana era el 80%. India se había librado del dominio extranjero, pero no de la segregación de los cultos religiosos.

En Delhi, los grandes dignatarios todavía se hallaban reunidos alrededor de la mesa de conferencias, el gobierno interino celebraba sesión, y lord Wavell, actual virrey, todavía creía que podían mantenerse los procesos ordenados de un gobierno constitucional. Gandhi, que tenía instinto para estas cosas, sabía que Noakhali era una plaga que destruiría a toda la India, a menos que fuese detenida de alguna manera. Al poco tiempo de enterarse de lo ocurrido, dijo a sus más íntimos amigos que iría allí con todo el espíritu de vencer o morir. Aquella era la suprema prueba, y pensaba que muy probablemente le matarían.

La situación en Bengala era tan extrema, que muchos hindúes, para salvar la vida, abjuraron; los templos fueron quemados y saqueados; las mujeres violadas. La venganza de los hindúes no tardó en producirse. La ciudad de Bihar se convirtió en el escenario de nuevos crímenes. En el informe oficial, 10.000 islamitas, de los cinco millones que habitaban Bihar, fueron asesinados, en lo que sería denominado el "Día de Noakhali".

Bapu viajó pronto de Calcuta a Bahir, y permaneció allí cuatro meses.

Recorrió más de cincuenta aldeas pobres. Un camino tortuoso para un hombre viejo, que además iba descalzo. Esto despertó la admiración de muchos musulmanes, que le ayudaron y le brindaron techo y comida. Recomendó en Bihar devolver lo robado, entregar los asesinos a la policía, rogó a los musulmanes regresar a sus casas y nunca perdió la convicción de que podría restablecerse la paz y la hermandad entre los dos pueblos. También recolectó algunas rupias y las entregó a los más pobres. Iniciaba todos los días su peregrinaje a las siete de la mañana, entonando la maravillosa canción que Tagore le había compuesto.

El Mahatma intentaba secar las lágrimas de las mujeres y consolar a los huérfanos, calmar al sediento de venganza con su dulzura; no existía ninguna huella de odio en este menudo hombre, que soportaba al máximo la incontrolada furia de su pueblo.

EL DÍA DE LA INDEPENDENCIA

Clement Atlee, primer ministro del Reino Unido, en medio de este clima de confrontación decidió que el día de la Independencia se llevara a cabo a mediados de junio de 1948. Dicha fecha se pospondría para el 15 de agosto del mismo año. Los ingleses deseaban alejarse lo más pronto posible de la guerra civil que se libraba en India.

El Mahatma concilió al máximo los sitios que logró visitar, pero Jinnah se empeñaba en demostrar públicamente que las ideas de Gandhi eran obsoletas y que la paz sólo se obtendría con la aprobación previa de Pakistán antes del día de la Independencia. Así que el Congreso Hindú no tuvo más opción que aceptar la partición de la India. Pakistán tomaría los lugares donde se concentraba la mayoría de la población musulmana, es decir, gran parte del norte y noroeste.

Antes de la celebración nacional, Gandhi recibió numerosas amenazas de muerte e insultos de ciertos inconformes que le llamaban traidor de la patria. Estaba solo en medio de millones de personas, a quienes en el transcurso de su vida él les abrió su corazón sin esperar recompensa alguna. Era tal su desesperación por hacer un último intento antes de que su nación se dividiera, que usó el avión en repetidas ocasiones como medio para desplazarse rápidamente. Todos los pueblos sufren de amnesia y a pesar que Bapu era venerado por los más humildes, también era odiado por los poderosos. Su influencia en la toma de decisiones cada vez era menor y algunos consideraban que sus discursos y sus palabras metafóricas carecían de sentido. Lo único cierto era que este abogado había entregado la vida por su pueblo y ahora estaba relegado a un segundo plano, aun cuando en momentos de crisis el Mahatma era el único que podía sopesar y solucionar los problemas de las masas.

Un aire de júbilo se percibía en todo el país a pesar de la sangre derramada. El 15 de agosto se escuchaban los cánticos de *¡Hindu Muslim bhai bhai*!, ¡Hindúes y musulmanes son hermanos! Parecía que el odio era cuestión del pasado. Algunos vitoreaban *¡Mahatma Gandhi zindabad*!, ¡Viva Mahatma Gandhi! El profeta prefirió este día retirarse y orar.

Pakistán y la Unión India se convertían en dos naciones distintas. Nehru tomaría las riendas de los hindúes y Jinnah, como tanto ansiaba, dirigiría a los islámicos. Infortunadamente, la paz duró veinticuatro horas. Quince millones de habitantes empezaron a desplazarse huyendo de la división. *Los musulmanes marchaban a Pakistán y los hindúes partían hacia la Unión India. Nadie tuvo necesidad de organizarlos.*

Como sucede en los grandes conflictos bélicos, las masas olvidadas por los gobernantes se convierten en refugiados que huyen de la barbarie[4]. Llevaban consigo menos de los indispensable; el tifus y la malaria causaron la muerte de niños y mujeres. Centenares se convirtieron en alimento para los buitres. El Mahatma se infiltró entre los caminantes. Deseaba salvar la vida de cuantos pudiera. Para él, la vida y la muerte eran la cara de una misma moneda.

EL MAGNO AYUNO

Gandhi estaba viviendo en Birla House. Había abandonado el Ashram porque se encontraba lleno de refugiados. Desde allí llevó a cabo su último ayuno, ofrecido a la reconciliación de los seres humanos. Se sometía al ayuno en un estado de concentración total, sentado en posición de loto. Repentinamente salió de su mutismo y sorprendió al mundo

---

[4]   Ibid. p. 159

entero al exigir al gobierno de la Unión India que entregase 550 millones de rupias a Pakistán. Consideró que si la tierra se había divido, en la misma proporción debía hacerse con el Tesoro Nacional. "Era lo más justo: y se realizó la entrega, no sin dejar de resaltar que las dos naciones necesitarían mucho más dinero para emprender la reconstrucción de cada país. Esta vez, Gandhi ganaba nuevamente otra batalla". Antes de finalizar el "Magno Ayuno" se firmó el Tratado de Paz entre Pakistán y la Unión India. El documento fue revisado previamente por el Mahatma, que apenas podía moverse. La ceremonia del Tratado culminó con los enfrentamientos.

LOS ÚLTIMOS DÍAS

Después de tan agitados días, el Mahatma suspendió sus viajes y se retiró a Birla House. Asistido por las mujeres, que siempre lo acompañaron, como la escocesa señorita Schlesin, la americana Dick, su discípula Indira Gandhi (quien con el tiempo se convertiría en primer ministro de la India), sus sobrinas y bastones

Manubehn y Abhabehn, y por sus amigos y hombres de confianza, su vida tomaba una rutina diaria ceñida a una agenda de compromisos y en la cual siempre estaba presente la diaria transmisión radiofónica dirigida a todo el pueblo Unido de India y Pakistán.

EL ASESINATO

Gandhi fue víctima de un fallido intento de asesinato, llevado a cabo con una bomba de fabricación casera. Los gritos y el pánico atraparon a los creyentes que estaban allí reunidos. Gandhi, sin embargo, conservó la calma y exclamó: *Escuchad, ¡no ha sucedido nada!* El profeta imaginó que se realizaba una practica de tiro en las cercanías, pareció sorprendido cuando, entre los jardines, la policía llevaba a un hombre detenido. Era Madanlal Phawa, señalado por una mujer como el responsable de haber activado con una cerilla el algodón pólvora.

El terrorista llevaba encima una granada de mano. Reconoció que su intención era matar a Gandhi, ya que reprobaba su amistad con los musulmanes. El Mahatma oró y pidió clemencia para Phawa.

Al día siguiente sería asesinado.

Ese 13 de enero de 1948, a las cinco y cuarto de la tarde, se disponía a cumplir otros compromisos. Llamó entonces a sus sobrinas, quienes le servían de apoyo para caminar y a quienes apodaba "mis bastones"; cuando iba caminando se oyó la explosión de los tres balazos que le atravesaron el abdomen y el pecho. El cuerpo menudo de Gandhi se desplomó mientras su sangre fluía en el pasto. Como se señaló antes, entre la concurrencia que le esperaba no había un médico. En esos segundos nadie sabía qué hacer. De repente, hubo una breve y violenta lucha con el asesino. Cuando finalmente le inmovilizaron, le condujeron a la comisaria de policía. Gandhi había muerto como deseaba morir, frente a su enemigo, sonriendo y pronunciando el nombre de Dios.

LOS DETENIDOS Y SU CONDENA

Nathuram Godse, quien disparó el arma, y otros siete conspiradores involucrados en el

asesinato del Mahatma Gandhi fueron llevados a juicio el 27 de mayo de 1948 y encontrados culpables, tras casi dos años de deliberaciones. Apte, quien colocara el explosivo un día antes de la muerte del profeta, y Godse, quien disparara el gatillo, fueron ejecutados a principios de 1949, pero con sus muertes muchos secretos quedaron sin resolver.

PENSAMIENTOS ESCOGIDOS

*   He aprendido a través de mi amarga experiencia una suprema lección: a preservar mi ira, porque así como el calor preservado se transmuta en energía, incluso nuestra ira controlada puede ser transmutada en un poder capaz de mover al mundo.

*   El hombre debe elegir una de las dos vías: hacia arriba o hacia abajo, pero por la bestia que existe en él, optará con más frecuencia por la vía descendente, especialmente cuando ésta le es presentada con un bello atavío. El hombre capitula con frecuencia cuando el pecado se le presenta ataviado como una virtud.

*   La capacidad de leer y escribir debe ser uno

de los instrumentos del desarrollo intelectual,
pero existieron en el pasado gigantes intelectuales que fueron analfabetos.

* El alfabetismo no es el final de la educación, ni siquiera el principio.

* Haber olvidado cómo cavar en la tierra y
colocar la semilla es haberse olvidado de
uno mismo.

* La música de la vida corre el riesgo de
perderse en la música de la voz.

* En la India hay tres millones de personas que deben conformarse con una sola
comida por día y esa comida consiste en
un chapati sin grasa, con una pizca de sal
solamente. Ni yo ni ustedes tenemos derecho a nada hasta que estos tres millones
de personas puedan ser satisfactoriamente
alimentadas y vestidas. Ustedes y yo, de-
beríamos saberlo, tenemos la obligación
de ajustar nuestras necesidades e incluso
de pasar hambre voluntariamente a fin de
que ellos puedan ser auxiliados, alimen-
tados y vestidos.

* La característica de la civilización mo-
derna es esa multiplicidad de necesidades

humanas. La característica de la civilización antigua es la restricción imperativa y la regulación estricta de aquellas necesidades.

* El amor es la fuerza más sutil y penetrante.

* ¿Acaso la historia del mundo no demuestra que no hubiera habido romance en la vida de no haber existido el riesgo?

* La calma absoluta no es la Ley del océano. Lo mismo ocurre en el océano de la vida.

* Nacer y morir no son dos estados diferentes, sino aspectos diferentes de un mismo estado.

* Una nación que es capaz de un sacrificio sin límites, es capaz de elevarse hasta alturas ilimitadas. Cuanto más puro sea el sacrificio, más veloz será el progreso.

* El bien viaja a paso de tortuga. Aquellos que quieren hacer el bien no son egoístas ni están urgidos, ellos saben que inocular el bien en los demás requiere largo tiempo.

* La fuerza de la no violencia es infinitamente más maravillosa, sutil y penetrante que las fuerzas materiales de la naturaleza, como la electricidad.

* El poder las multitudes es el deleite del tímido. El valeroso de espíritu se deleita cuando combate a solas.

* El hombre se convierte muchas veces en lo que cree que es. Si me repito una y otra vez que no debo hacer algo, es muy probable que termine siendo incapaz de hacerlo, seguramente obtendré la capacidad de hacerlo, incluso aunque no lo logre al principio.

* Todas las religiones son caminos diferentes que convergen al mismo punto. ¿Qué importa que cada uno elija un camino diferente si es que todos llegamos a la misma meta?

* Orar no es pedir. Es el anhelo del alma. Es el reconocimiento diario de la propia debilidad. Para orar es mejor tener un corazón sin palabras que palabras sin corazón.

* Quiero pensar en una hermandad o identidad no solamente de las criaturas llamadas humanas sino en una identificación con la vida, incluso con las criaturas que se arrastran por la tierra.

* Cuando admiro la belleza de un crepúsculo o la hermosura de la luna, mi alma rebosa de adoración al creador.

* La suma total de las vidas es Dios. No seremos Dios pero somos parte de Dios, al menos como una gota de agua es parte del óceano.

* La fe es una función del corazón que debe ser sustentada por la razón. Pero no son antagonistas, como piensan muchos. Cuanto más intensa es la fe, más aguza la razón. Cuando la fe enceguece, muere.

* Si queremos alcanzar la verdadera paz en este mundo y si queremos llevar a cabo una verdadera guerra contra la guerra, deberemos comenzar por los niños. Y si ellos crecen unidos a su inocencia natural no tendremos que luchar más, no tendremos que luchar más, no tendremos que someternos a vanas resoluciones idealistas

sino que iremos del amor al amor y de la paz a la paz, hasta que todos los rincones del mundo estén cubiertos de paz y amor. El mundo está hambriento de ellas, consciente o inconscientemente.

* La fuerza no proviene de la capacidad física sino de una voluntad indomable.

* Un hombre no puede actuar con acierto en un nivel de su vida si está ocupado actuando desacertadamente en otro. La vida es un todo invisible.

* El único tirano que acepto en este mundo es la pequeña y sosegada voz de mi interior.

* La libertad no es una licencia para realizar cualquier cosa por gusto.

BIBLIOGRAFÍA

PAYNE, Robert. *Gandhi*. Bruguera, Barcelona,1976.

SOLANA, Stanley. *Gandhi. Grandes Iniciados*. M. C. Editores. Madrid, 1997.

PUYANA, G., Germán. *India, un universo fascinante*. Plaza y Janés. Bogotá, 1994.

GANDHI, Mahatma. *Pensamientos escogidos*. Selección: Richard Attenborough. Emecé. Buenos Aires, 1986.

Notas:

GODOY, Emma. *Mahatma Gandhi. Notas biográficas.*

CONTENIDO